Wanderreiten

Therapie für Leib und Seele

Dabei stoßen Sie in Dimensionen des Reitvergnügens vor,
die man sich weder vorstellen noch erträumen kann.

Herstellung und Verlag:
BoD – Books on Demand, Norderstedt
ISBN: 978-3-7386-1696-5

Der Ritt ins Vogtland

- ohne Hufeisen, nur mit Reithalfter und baumlosen Sattel -

Seien Sie dabei und erleben Sie diesen Ritt mit.

Die Idee für diesen Ritt entstand innerhalt eines Projektes für eine bessere Schulbildung, in dem ich mit Zustimmung des Kultusministeriums Schulen besuchte, um mich über die Nöte und Probleme der Lehrer an den Grundschulen, besonders bezüglich der Inklusion, informieren wollte.

siehe: Peter Dreier Freude am Lernen. Begeisterte Schüler- Motivierte Lehrer
      Peter Dreier Baustelle Schule! Probleme im Klassenzimmer

Damit auch längere Zeit darüber diskutiert wird und in den Zeitungen auf das Thema zurückgegriffen wird hatte ich die Idee, diese Besuche medienwirksam mit einem Ritt zu verbinden, wobei mich die Lehrergewerkschaft VBE logistisch unterstützte, als ich quer durch Deutschland zu unserem Bauernhof im Vogtland ritt.

Alles Wissenswerte darüber finden Sie unter **www.1000kmreitenproschule.de** -

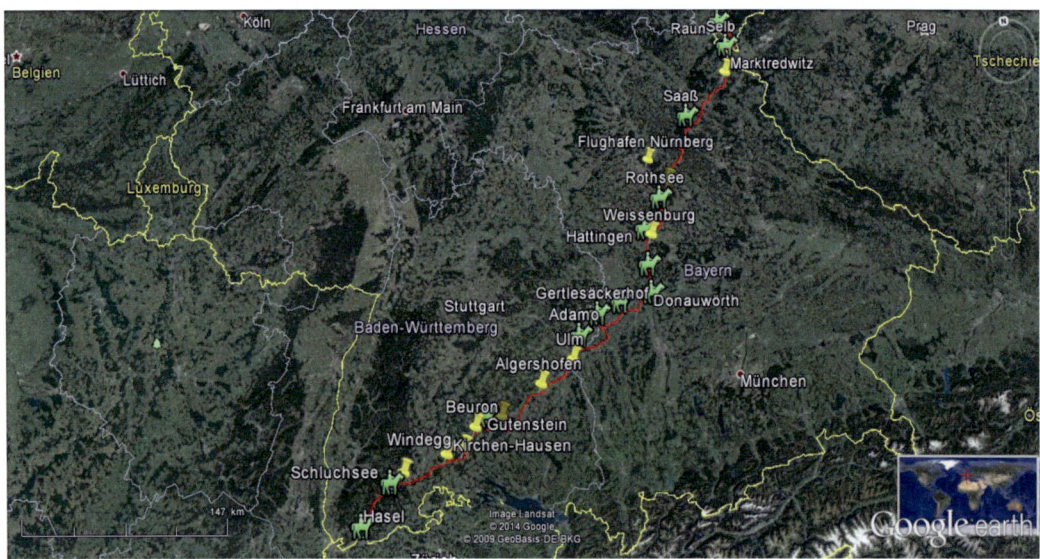

Montag, den 23.06.2014

Die Vorbereitungen sind abgeschlossen.
Sahib wurde an Bundesstraßen – Eisenbahnen- Flussdurchquerungen – Holzbrücken –
LKWs mit Anhänger-Riesentraktoren……………. etc. gewöhnt
Das Gepäck ist immer wieder reduziert worden, es verrutscht nicht mehr und ich sehe jetzt meinem Ritt mit viel Vorfreude entgegen.
Nun muss mein Pferd noch am ersten Reittag lernen, alleine oder mit fremden Pferden zu übernachten. Wir werden ihn mit Rescue Tropfen ein wenig beruhigen.

Statistik des Rittes vom 25. Juni - 16. August 2014

1. Unterwegs waren wir insgesamt 52 Tage

2. 11 Tage fielen aus wegen Verletzungen von Sahib
   - 3 Tage wegen Fleischwunde direkt neben dem Sattelgurt, verursacht durch einen vorstehenden Dürrständer beim Passieren der Wutachschlucht
   - 8 Tage wegen Zerrung Kniegelenk re. hinten - im vollen Galopp auf nasser Weide ausgerutscht.

3. Insgesamt habe ich mit allen Irrungen und Umwegen ca 1150 km zurückgelegt,
   davon die Hälfte per Fuß, was mir gesundheitlich immens half.
4. 31 Tage bin ich geritten- das gibt einen Tagesdurchschnitt von ca 40 km
5. 11 Ruhetage wurden eingelegt.
6. Sahib ist ca 950 km ohne Hufschuhe gelaufen. Hufschuhe musste er nur dann tragen, wenn wir viel auf der Straße liefen. Dort musste er die Hufe nicht hochheben, weil ja alles glatt war und wenn er dann müde wurde, schlurfte er und rieb die Vorderkante seiner Hinterhufe stark ab.
   30 % der Gesamtstrecke war Asphalt

7. größte Tagesstrecke 70 km - kürzeste 15 km
8. 3x musste ich umkehren, da ich meine Brille vergessen oder verloren hatte.
9. 4x mal wegen meinem Fotoapparat
10. 2 Zügel zerrissen, da Sahib beim Grasen darauf trat
11. 14 Kinder sind auf Sahib geritten

12. 31? mal wurde es wegen des Weges ziemlich problematisch bis gefährlich:
    Schluchsee- 3x in der Gauchachtalschlucht - 4x in der Wutachschlucht-Bohlenweg um Felsen
    - 2x Felsentunnel - 2x Unterführungen Straße - 2x Treppen- 3 x schmale Holzbrücken (schwankend), eine davon ohne Geländer - Rasterbrücke Eisenbahn- Abwasserkanal unter der Autobahn -
    3x Bundesstraße -Ortsdurchfahrt -2x breiter Graben - Egerbrücke

13. 12 Landkarten durchquert, 3 davon unterwegs verloren, deshalb einmal total verirrt - 7 Wege existierten überhaupt nicht mehr und 12 rot eingetragene Wanderwege endeten im Dickicht oder waren zugepflügt.

14. GPS so gut wie nie funktioniert, wenn ich es brauchte. Das Gleiche passierte auch sehr oft mit dem Handy, es gab außerhalb der Städte kaum eine Verbindung.

15. 3 Tage ohne Sattel unterwegs, da Sahib von Mücken total zerstochen war
16. Es waren nur 4 Regentage.
17. 14 x konnten wir duschen, einmal hatten wir 7 Tage lang keine Möglichkeit dazu

18. Einen Schulhofverweis bekommen: Begründung: Pferde sind zu gefährlich.

19. **Unterwegs bin ich keinem einzigen Reiter begegnet**

20. 724 Fotos geschossen. **Leider war ich aber immer, wenn es spannend und aufregend wurde, so mit meinem Pferd beschäftigt, dass ich nicht fotografieren konnte.**

Der Ritt

Hinweis: Dies ist nur ein Tagebuch, also kein literarisches Meisterwerk, sondern eine unterwegs erfolgte Sammlung von Erlebnissen, Eindrücken und Erfahrungen, die inhaltsmäßig nicht überarbeitet wurden, um sie nicht zu verfälschen.

Abritt am Mittwoch den 25.6.2014 nach Gersbach

Endlich ist es soweit. Um 18.00 Uhr geht es los in Richtung Gersbach. Das herzzerreißende Wiehern von Scotty unserem Isländer, begleitet uns noch lange.

Das Hauptziel dieses kurzen Rittes war es, bei Freunden in Gersbach, der Familie Schlageter, mit Sahib alleine zu Übernachten, was er vorher nie gekannt hatte.

In Gersbach wurden wir herzlich willkommen geheißen und schnell verging der Abend und gegen 22 Uhr wurde Sahib unruhig. Er ging hin und her und suchte seinen Freund Also ließ ich mich in seinem Stall mit einem Liegestuhl

nieder, kuschelt mich in meinen Schlafsack und rief ihm immer wieder zu, dass ich doch da wäre und alles gut sei und immer wieder hörte ich seine Hufe auf dem Zementboden hin zum Stall und wieder nach draußen.

Schließlich schlief ich ein und als ich am nächsten Morgen, als es hell wurde, erwachte, stand er mit hängendem Kopf neben meiner Liege und döste.

Und ab diesem Zeitpunkt wurde ich als Ersatz für Scotty akzeptiert.

2. Tag Donnerstag der 26.06.2014
Gersbach -Antoni Hütte – Hochkopf - Bernau

Um 5 Uhr aufstehen, putzen und satteln, einen heißen Kaffee trinken- das Gepäck sehr sorg-
fältig befestigen, dafür muss immer Zeit sein, Verabschiedung von der freundlichen Haus-
wirtin und dann ging der Ritt richtig los.
Kurz vor Antoni Gekreisch neben uns im Wald: - Kindergartenkinder sammelten Blätter:
Sahib erschrak und machte einen riesigen Satz, das Gepäck hing schief und krumm auf seinem
Rücken und ich hatte eine halbe Stunde zu tun, bis wieder alles abgeladen, gesattelt und befestigt
war.   Die Kinder waren natürlich von Sahib voll begeistert und bombardierten mich mit Fragen.
Dann folgte ein wunderschöner Reitweg bis zum Hochkopf, danach leider nur noch Schotter.

Kurz vor Bernau rief mir plötzlich aus einem Haus eine junge Frau etwas zu. Es war eine
Erzieherin der Kindergartengruppe, die ich in St. Antoni getroffen und mit der ich mich über
die ähnlichen Probleme von Erzieherinnen und Lehrern sehr angeregt unterhalten hatte.

Sahib wurde mit einem Eimer Wasser und 1 kg Mohrrüben verwöhnt, ich mit einem Sprudel.
Dann Ankunft bei Familie Bockstaller, die wir von früheren Wanderritten her kannten.

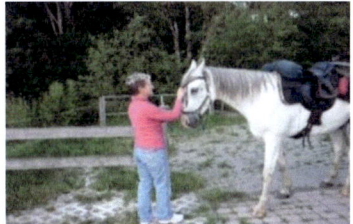

Wir wurden willkommen geheißen und Sahib präsentierte
sich galoppierend mit erhobenem Schweif, denn Stuten
waren in der der Nähe.
Fast neu geboren nach einer Dusche und nach langen
Gesprächen war Zeit zum Fußballfest: Joggi gegen Klinsi
Der Knüller des Jahres
Danach wurde noch die Route für den nächsten Tag be-
sprochen und müde und zufrieden ging ich zu einem Liegestuhl,
der in der Box neben Sahib stand, kroch in meinen Schlafsack, nachdem ich eine zusätzlich
angebotene Decke abgelehnt hatte...und ...fror, als ich gegen 4 Uhr morgens aufwachte.

In 1000 m Höhe herrschen doch andere klimatische Verhältnisse, es waren gegen Morgen nur
noch 2 Grad Außentemperatur und ich habe mir geschworen: Nie mehr im Leben lehne ich
eine freundlich angebotene Zusatzdecke für eine Nacht im Gebirge ab.

3. Tag Freitag, der 27.06.2014 Bernau
Mulchland - Schluchsee - Grünfeld - Holzschlag

Wie immer um 6 Uhr Abmarsch, nach einem heißen Kaffee und Marmeladebroten sowie einer selbst gebastelten Landkarte von Frau Bockstaller, die mich die ersten Kilometer mit dem Fahrrad begleitete, ging es Richtung Holzschlag, wo ich für die Übernachtung angemeldet war.
Zuerst ein steiler Anstieg durch eine wundervolle Schwarzwaldlandschaft nach Mulchland. Unterwegs viele kleine Gespräche mit neugierigen Anliegern.
Dann ging es beim Schluchsee über die Staumauer auf dem Fußgängersteig, der aus Eisen-platten gebaut war und sehr laut dröhnte, was Sahib nicht so gefiel.

Kurz vor Seebrugg wollte ich die Karte studieren, aber ich fand meine Gleitsichtbrille nicht.
Ich erinnerte mich, dass ich sie beim letzten Foto noch hatte und es ging wieder über die Staumauer 3 km zurück und tatsächlich:
Da lag sie friedlich und unversehrt im Sand und schaute mich unschuldig an. Also wieder zurück.

Dann kam ein langweiliger Straßenweg über Faulen-Fürst und Grünfeld.
Bei einem Ferienheim erkundigte ich mich bei einer Frau nach einem Waldweg nach Holzschlag und wir stellten fest, dass sie auf dem gleichen Hof ihr Pferd untergestellt hatte, bei dem ich zur Übernachtung angemeldet war.

Ich bekam also eine optimale Auskunft und wir waren auch bald in Holzschlag, wo wir schon von Isabell erwartet wurden.   Sahib bekam eine Ganzkörperkneippmassage mit frischem Brunnenwasser, durfte die Nacht mit Pferden verbringen und ich bekam ein Bett im daneben-liegendem Gasthaus.

Vorher durfte ich noch das bekannte Spiel: „Suche dein ausgeschaltetes Handy" eine halbe Stunde lang spielen. Gott sei Dank mit Erfolg.

4 Tag: Samstag, der 28.06.2014
Holzschlag – Reiselfingen

Als ich mich in Reiselfingen beim Wanderreitstall Reiselfingerhof anmeldete, wurde mir der
der Weg dorthin beschrieben und frohgemut stieg ich aufs Pferd - und gleich wieder runter,

denn der ausgeschilderte Weg zur Stalleggbrücke entpuppte sich nach dem Überqueren einer Wiese
als schmaler Pfad, der steil ins Tal zur Wutachschlucht hinunterging. Er wurde immer enger, mit zwei
kleinen Brücken, die zu schmal für Sahib waren
und wir deshalb durch den Bach waten mussten. Dann ging es weiter über steile Abhänge, Treppen,
Knüppeldamm, Matschstrecken, teilweise mit flachen Steinen zum Darüberlaufen, und da sollte ich mit
meinem Pferd durch, welches vor jedem Rinnsal eine Schau abzog und wunderte mich:
Fast anstandslos, mit großem Vertrauen, folgt er mir nach.
Ob es die zwei Übernachtungen mit ihm im Stall waren? Ich erkannte mein Pferd nicht mehr.

Leider verletzte sich Sahib auf diesem Pfad an einem Dürrständer, der von einer Tanne abstand, und
zwar genau neben dem Sattelgurt, so dass ich den Ritt auf dem Reiserhof in Reiselfingen unterbrechen
muss - wie lange hängt von der Verheilung der Wunde ab.
Wir wurden dort von Herrn Barsch, einem passionierten Wanderreiter, der sich auch beim Aufbau von
Wanderreitstationen große Verdienste erworben hatte, sehr freundlich empfangen.
Leider ist er letztes Jahr verstorben.
Sahib bekam ein Stück Wiese zum Weiden und einen Stall, ich ein Etagenbett in einer Blockhütte, in
der alles sehr urig war und dieses Schild hat mir besonders gut gefallen:

Nachdem ich Sahibs Wunde nochmals in Ruhe untersucht hatte stellte ich fest, dass sie Gott sei Dank nicht so tief war, wie ich vorher angenommen hatte.

So verbrachte ich einen gemütlichen Nachmittag und Sahib war damit beschäftigt, sich den Stuten

zu präsentieren.

Als ich abends schlafen gehen wollte, fing es draußen an zu blitzen, zu donnern und es goss Bindfäden.

Ich konnte Sahib bei diesem Gewitter nicht draußen lassen, - die anderen Pferde standen geschützt im Offenstall-, denn bei Gewitter hatte er große Angst und rannte daheim immer ins Freie.

Also stellte ich ihn in eine Box, suchte für mich einen Liegestuhl, schleppte ihn in eine leere Box neben- an, kuschelte mich in meinen Schlafsack und beruhigte immer wieder mein Pferd.

Um 2 Uhr legte sich der Sturm und da Sahib nicht allein war und Blickkontakt mit den anderen Pfer- den hatte, konnte ich beruhigt in mein Bett gehen.

Sonntag der 29.06.2014 und Montag den 30.06.2014 Ruhetage zwecks Wundheilung.

Am Sonntag kam mein Begleittross,

meine Frau mit ihrer Freundin Karin, damit Sahib nicht mehr das ganze Gepäck tragen musste,
seine tägliche Haferration gesichert war und ich Hilfe bekam beim Suchen von Übernachtungs-
möglichkeiten, wozu ich viel mehr Zeit brauchte als ich gedacht hatte, da dies viele Umwege
durch die Suche mit sich brachte
Außerdem war ab jetzt immer meine Übernachtung gesichert.

Dienstag der 1. Juli
Reislingen-Bachheim-Unadingen-Gauchachschlucht-Mundelfingen-Opferdingen-
Riedböhringen

Nach erfrischender Dusche und heißem Kaffee ging es um 7.15 Uhr los Richtung Bachheim - alles
topfeben, welche Erleichterung nach dieser Kraxelei. Damit Sahib sich nicht langweilte, unterhielt
ich ihn mit lautem Gesang, was er von daheim schon gewohnt war oder spielte Mundharmonika
und kam mir dabei vor wie ein einsamer Cowboy, der durch die Prärie reitet.
Mit Gesang läuft´s sich einfach besser.

Unterwegs trafen wir immer interessierte Leute, die nach dem woher und wohin fragten.
Ich war so in einer so stimmungsvollen Gesangsphase, dass ich die Abzweigung zur Guggenmühle
verpasste und der Weg plötzlich zu Ende war.

Am Waldrand fand ich nach längerem Suchen einen fast zugewachsenen Fahrweg und ich dachte,
wo Traktoren fahren werde ich irgendwie wieder herauskommen. Was mir aber nicht klar war, als
der Weg immer steiler nach unten ging, dass dieser mich tief nach unten in die Gauchachschlucht
führte.
Der Weg verschmälerte sich zu einem Pfad und ich stand vor einem Bach, der auf einem durchge-
schnittenen Baumstamm überquert werden musste.

Also eine Furt gesucht und - Gott sei Dank habe ich das daheim des Öfteren geübt, -ging es durch den Bach auf die andere Seite mit der Gewissheit, ich bin drüben, eine zweite Brücke kommt nicht mehr.

Von wegen. Gleich kam noch eine etwas größere Brücke, auch viel höher, der ich aber nicht bezüglich ihrer Tragkraft bei 700 kg Gesamtgewicht von Pferd und Reiter traute und nochmals ging es die Böschung hinunter durch Schlamm auf die andere Seite durch Gestrüpp und dichtem Farn wieder hoch.

Sahib, der sonst bei jedem kleinsten Wässerchen einen Aufstand machte, ging alles brav mit.

Dann ein Lichtblick, ein uraltes verwittertes Schild mit der Aufschrift: Mundelfingen.

Das lag zwar nicht auf meiner Route aber ich war für jede Möglichkeit dankbar, aus dieser Schlucht mit meinem Pferd heraus zu kommen. Aber ich ahnte nicht, was uns beide noch erwartete.

Der schon so schmale Pfad wurde noch schmäler, es ging zuerst am Bachbett entlang mit einigen Schlammphasen, dann den Hang hoch, zweimal musste ich Sahib quasi in den Berg hineinführen, weil der Weg zu schmal war.

Nur wer diesen Pfad schon gegangen ist und sich vorstellt, dabei noch ein Pferd zu führen kann meine Erleichterung voll verstehen, als ich aus dieser Schlucht heraus war.

Nun hatten wir uns eine Pause verdient, der "Unterwegszaun" wurde schnell aufgestellt und Sahib wurde mit saftigem Gras belohnt, ich mit einem belegten Brot und mit einer Buttersemmel, die mir meine Frau brachte, da wir wegen einer neuen Wanderkarte (die alte war "durchritten") Mundelfingen als Treffpunkt vereinbart hatten

Der Unterwegszaun funktioniert fantastisch.

In Riedböhringen fragte ich bei einem sehr freundlichen Bauern, ob wir auf einem Stückchen Wiese unseren Zaun aufstellen können um dort mit dem Wohnwagen zu übernachten. Wir bekamen sogar Stromanschluss und eine herrliche Aussicht gratis.

Mittwoch den 02.07.2014
Riedböhringen-Fürstenberg-Neudingen-Gutmadingen

Um 5.30 Uhr aufgestanden und als Sahib fertig bepackt war, fing es an zu regnen, gut für die Landwirtschaft und da es Nieselregen war, ist dies für einen Wanderreiter nicht die schlechteste Option, denn es gibt keine Bremsen.
Fürstenberg erreichten wir erst nach einer fast vollständigen Umrundung des Städtchens – die mögen scheinbar keine Besucher - und dann besichtigte ich eine der kleinsten Städte Deutschlands - was beinhaltet, dass diese Besichtigung sehr kurz war.

Dafür standen aber am Ortausgang Kühe Spalier.

Inklusion auf dem Lande

Nun ging es weite nach Neudingen und ich hatte die geniale Idee, einem Feldweg Richtung nächstes Dorf zu folgen, obwohl der Weg von oben nicht genau zu erkennen war, um
abzukürzen. Nach einem km hörte der Weg auf und nach 5 Minuten war ich mindestens um
10 cm auf Grund der Erdschicht unter meinen Fußsohlen gewachsen. Meine Füße wurden schwer wie Blei. Die Strecke war bestimmt kürzer, aber die Zeit, die ich dafür brauchte war bestimmt doppelt so lang wie auf der Straße.
In Gutmadingen konnten wir auf einer Western Ranch übernachten, die gerade den Besitzer wechselte, weil dieser nach Kanada auszog.
Seine Pferde standen im Stall und durften nicht hinaus, da sie unter Quarantäne standen.
Wir durften deshalb nicht auf den Hof, bekamen aber eine riesige Weide mit Unterstand.

Sahib konnte sein Glück kaum fassen und raste wie verrückt über die Weide und als er zu stark auf dem aufgeweichten Bogen um eine Kurve galoppierte, haute es ihn ganz gewaltig hin.

Dass dies nicht ohne Folgen blieb, merkten wir aber erst ein paar Tage später

Donnerstag der 03.07.2014
Gutmadingen -Geisingen - Kirchen-Hausen- Immendingen- Donauversickerung –
Windegg(Wittoh)- Emmingen
Um 6.00 Uhr ging es los Richtung Kirchen-Hausen- leider nur Landstraße. Um von der stark befah-
renen Straße wegzukommen, fand ich auf meiner Karte einen dick mit rot eingezeichneten Waldweg,
der anfangs gut zu laufen war, dann aber scheinbar seit 20 Jahren nicht mehr genutzt wurde.
Sumpflöcher, tief hängende Äste und gestürzte Bäume machten das Durchkommen schwierig.
Zum Schluss landeten wir auf einer Wiese, ich war bis zum Gürtel meiner Hose patschnass.

Danach überquerten wir einen Kreisverkehr und bei der nächsten Tankstelle gab es leider nur Benzin und kein Gras. Sahib aber hatte Hunger und schaute sich die Karte sehr genau an, um einen Weideplatz zu finden.

Und deshalb es ging es weiter mit einem kleinen Umwe bis zur Donauversickerung, an einer wunderschönen, historischen Holzbrücke vorbei, an der ich zwei Schulklassen traf mit denen ich mit Lehrern und Schülern interessante Diskussionen hatte.

Dann wieder zurück nach Hattingen, wo Sahib plötzlich langsamer wurde und lahmte.
Den Grund entdeckte ich schnell: Er war in eine Schraube getreten.
Zum Glück passierte dies vor einem Offenstall, dessen Besitzer einen Werkzeugkasten holte und wir gemeinsam die Schraube herauspuhlen konnten.

Von Hattingen ging es dann nach Windegg.
Dort machte ich bei einem Asylantenheim Mittagspause, wobei immer eine ganze Kinderschar um um Sahib herumstand.

Da es nun schon fast 16 Uhr war, suchte ich im nächsten Ort, in Emmingen, ein Nachtquartier, wo wir rein zufällig bei der Familie Störk in ihrem Garten übernachten konnten nachdem sie mitbekamen, dass im hiesigen Reitstall wegen eines Festes kein Platz frei war.
Sahib kam in den Auslauf für ihre Ziegen und den Hühnern, wo noch genügend Gras vorhanden war.

Familie Störk nahm uns sehr freundlich auf, versorgte uns mit Strom und wir durften sogar duschen. Abends saßen wir noch gemütlich zu einem Plausch zusammen.

Zwei Monate später erfuhren wir von der Familie Störk, dass es drei Wochen nach unserer Übernachtung in Emmingen ein Wahnsinnshochwasser gab, bei dem ihr Haus bis zum Erdgeschoss unter Wasser stand (siehe Internet: Hochwasser in Emmingen-Liptingen)
und dass genau an der Stelle, wo wir unseren Wohnwagen aufgestellt hatten und wo die Weide von Sahib war, ein reissender Fluss durchgebraust ist und alles, was nicht niet- und nagelfest war, bis zu 2 m Höhe mitgerissen hat, und dies in Minutenschnelle.
Alle Hühner kamen dabei um.
Mich friert es wenn ich daran denke, was uns und/oder Sahib hätte passieren können, wenn wir zu diesem Zeitpunkt dort übernachtet hätten.

Freitag, den 04. Juli 2014   Emmingen-Neuhausen-Fridingen-Beuron-Irndorf
Abritt um 6.30 Uhr - langweilige Straßenstrecken - viele Autofahrer winken mir freundlich zu.
Einer davon war der Besitzer der Wanderreitstation, in der wir abends übernachteten.
Zu diesem Zeitpunkt wussten wir aber beide nichts davon.
Für mich deprimierend ist immer das Passieren von den heutigen Dörfern - alles wie ausgestorben –
kaum Menschen zu sehen - alles sehr gepflegt - viele kurz geschnittene, sterile Rasenflächen – die Bauerngärten, wie man sie von früher kannte, sind immer weniger zu sehen
- Schlafstätten ohne Seele - kaum Kinder zu sehen, denn die Schulen wurden ihnen genommen
Tausche Schule gegen Festhalle oder Bürgerhaus - war lange Zeit die Devise, die jetzt immer mehr mehr in diesen Dörfern bedauert wird, was sich in Gesprächen zeigte.

In Fridingen kam ich an die Donau. Mein erstes Ziel war erreicht.

Von Fridingen bis Beuron durfte ich einen wunderschönen Waldweg an der Donau entlang reiten - ursprüngliche Natur pur - ein Weg, der einen daran erinnert, wie schön die Welt ohne menschlichen Eingriff sein kann - ein Weg zur Erholung, zur   Meditation – einen Weg, den ich nur empfehlen kann.
Ein Weg, welcher zwar für Wanderer ein Erlebnis war, aber für ein Pferd....?

In Beuron machten wir eine kurze Pause vor dem Kloster und dann ging es über eine wunderschöne Holzbrücke steil den Berg hoch bis zur Wanderreitstation der Familie Haselmeier.

Sahib durfte dort zeigen, dass er Treppen abwärtsgehen kann, nachdem wir das unterwegs ausführlichst geübt hatten. Er bekam eine geräumige Box und genügend zum Fressen, wir einen Stromanschluss und Möglichkeiten zum Duschen und Wäschewaschen sowie gemeinsames Fernsehen:

und sahen alle gemeinsam das Länderspiel zwischen Deutschland und Frankreich.

Samstag, den 05 Juli 2014 Ruhetag –   Hufe schneiden!
Sonntag, den 06. Juli 2014
Irndorf -alter Holzfällerweg nach Beuron Hausen im Tal - Neumühle - Gutenstein

Heute war der Abritt statt 5 Uhr erst auf 7 Uhr geplant, wie schön, da der Wetterbericht schlechtes Wetter vorhergesagt hatte und somit die Mückenplage geringer war. Aber trotzdem war Sonnen-schein auf dem alten Holzfällerweg nach Beuron, der heute um 14 Uhr neu eröffnet wurde
Ich war sozusagen die Vorhut.
Eine sehr freundliche Reporterin vom Grenzboten, die mich am Abend vorher interviewt hatte und und mir auch anbot, ihren WLAN zu benutzen, machte ein paar Fotos für ihre Zeitung.

Auf der alten Holzbrücke zum Kloster Beuron traf ich eine Frau, die mir einen wunderschönen Weg an der Donau entlang zeigte, der nicht ausgeschildert war.

Wie schön kann Natur sein. Man erkannte kaum, dass das Wasser floss, der Fluss ruhte in sich selbst Und diese Ruhe übertrug sich auf den Wanderer/Reiter,
der diese Stille und diese herrliche Landschaft in vollen Zügen genoss.

Es wurde ann aber furchtbar heiß und schwül, Sahib hatte Probleme mit den Bremsen.
Manche der Felstunnels, die wir passierten waren so eng, dass ich dachte, dass er darin stecken bleibt. Aber mit gesenktem Kopf klappte es doch.

Schwierig wurde es beim Gasthaus Neumühle, weil der Weg durch eine Barriere gesperrt war, die nur einen ganz engen Durchlass für Radfahrer gewährte.

Als ich um einen Schlüssel bat bzw. ein netter Mann wollte ihn für mich holen, wurde ihm gesagt, da dürften keine Pferde durch. Ich erklärte dann der Bedienung, dass zwar keine Reiter durchreiten, Pferde aber durchlaufen dürften. Dies wurde mir dann zugestanden mit dem Hinweis, Pferde kämen da ja durch..

Aber obwohl mir eigentlich fast klar war, dass der Durchgang so eng war, dass das Passieren wegen des Gepäcks nicht klappen konnte, wir waren ja auf einem Wanderritt und nicht auf einem Tagesausflug, probierte ich es doch.

Sahib blieb hängen, kam in Panik und obwohl ich dann die Barriere eine wenig weiter öffnen konnte, ging er nicht mehr durch und trotz mehrfacher Bitte öffnete die Bedienung nicht den Durchgang

Direkt daneben saßen viele Kaffeegäste, beobachteten das Drama und nahmen offen Partei für mich, bis die Bedienung so genervt war, dass sie doch noch mit einem Schlüssel den Durchgang öffnete.

Nun war der Weg nicht mehr weit bis Gutenstein zum Hof Hafersack von Irina Hafner und Bernd Sax, der dort verhaltens-gestörte Pferde therapiert.

Wir hatten Glück, dass Sie uns so freundlich aufnahmen, denn die Wanderreitstation war schon seit einem Jahr ge-schlossen.

Wir stellten wie gewohnt unseren Wohnwagen auf den zuge-wiesenen Platz und wollten uns einen Kaffee zubereiten als wir feststellten, dass unsere Dachluke nicht mehr da war. Wahrscheinlich wurde sie nicht richtig befestigt und ging des-halb unterwegs verloren.

Wir riefen sofort in Irndorf Familie Haselmeier an, erklärten unser Problem und verabredeten uns auf der Mitte des Weges nach Gutenstein.

Zehn Minuten später der erlösende Anruf von Jürgen: Dachluke gefunden, leicht beschädigt, in einer Kurve vom Wohnwagen gefallen und glücklicherweise so liegen geblieben, dass man sie gerade noch von der Straße aus sehen konnte. Wir holten unsere Lucke ab, ich reparierte sie und wir waren heilfroh, dass unser Wohnwagen wieder regenfest war.

Montag, den 07.Juli 2014   Zeit zum Nachdenken:
Die Entdeckung des Verweilens oder der Weg ist das Ziel.

Anfangs hatte ich ein klares Ziel: 1000 km für eine bessere Bildung- das lässt die Leute aufhorchen und meine Website wird gelesen.
Aber langsam habe ich die Faszination des Unterwegsseins entdeckt. Ich will doch keine Distanzen abspulen wie die meisten Radfahrer, denen ich unterwegs begegne. Es wird nicht rechts und links geschaut, sondern mit verbissenem Gesicht in die Pedale getreten um abends stolz erzählen zu können, wieviel km man abgespult hat.
Was entgeht ihnen doch alles.

Bänke laden an herrlichen Aussichtsstellen zum Verweilen ein. Ich kann meinen Gedanken nach- nachhängen und dabei den Wolken nachschauen, die Ruhe und die herrliche Landschaft genießen, den Fluss, der in sich selbst ruht und seine Strömungen und seine Tiere beobachten, untermalt von

den ruhigen Kaugeräuschen meines Pferdes.

Interessante Gespräche finden statt mit Leuten unterschiedlichster Herkunft, wobei man sehr viel erfährt und dazulernt und andere Standpunkte kennen lernt, die zum Nachdenken anregen.

Abends wird man von freundlichen Leuten aufgenommen- bis jetzt gab es keine einzige Ausnahme - bei denen man am liebsten mehrere Tage verbringen möchte.
Die Welt wird farbiger, freundlicher, man entdeckt immer mehr Blickwinkel, Schönheiten und ver- steht immer weniger, warum man auf einem so schönen Planeten nicht in Frieden leben kann.
Das Verweilen wird für mich immer wichtiger.

Vielleicht komme ich erst an Weihnachten in Raun an oder nie! Ist das überhaupt noch wichtig?
Ich muss mich noch mehr im Verweilen üben. Der Weg ist das Ziel.

Dienstag, den 08.Juli 2014
Gutenstein - Laiz - Sigmaringen - Scheer – Mengen
Dankeschön
Bevor ich mit meinem heutigen Bericht beginne, möchte ich mich für die vielen Anrufe und noch mehr SMS bedanken bei allen, denen mein Projekt gefällt und die mich ermutigen, weiterzumachen. So viel Zustimmung habe ich nicht erwartet. Besonders gefreut habe ich mich, dass sich immer mehr Lehrer bei mir melden.
Bitte entschuldigt, wenn ich nicht allen sofort antworten kann oder nur mit einem Danke reagiere, denn ein Wanderritt ist sehr anstrengend, besonders die Quartiersuche und da bin ich abends manchmal schon sehr ausgepowert.

Nun zum Bericht:
Um 6.30 Uhr Abritt im Nieselregen, aber ich genoss den Tag ohne Hitze, ohne Bremsen und ohne Ströme von Schweiß vergießen zu müssen.
Der Weg führte durch eine idyllische Flusslandschaft, die flacher und lieblicher wurde.

Unterwegs entdeckte ich neben meinem Weg eine größere Grundschule. Im Schulhof umringten mich gleich begeisterte Kinder, die alles über mein Pferd wissen wollten und erzählten, sie kämen gerade vom Schwimmunterricht.
Ich bat sie Ihren Lehrer zu holen, welcher gleichkam. Ich gab ihm meine Karte und als ich kurz erklären wollte, warum ich hier auf dem Schulhof gekommen bin unterbrach er mich sofort mit den Worten, er habe hier überhaupt nichts zu sagen und müsse sofort die Schulleiterin informieren.

Er verschwand und 5 Minuten passierte nichts, dann kam er eilig die Treppe heruntergerannt drückte mir meine Karte, die inzwischen sehr verknittert war, in die Hand und sagte mir, ich müsse sofort den Schulhof verlassen, es wäre gleich große Pause und die Kinder können sich bei einem Pferd verletzten.
Ich fragte ihn ob es eine Möglichkeit gäbe, die Schulleiterin außerhalb des Schulhofes zu sprechen
Er antwortete, ich solle sofort den Schulhof verlassen und mit den bei Lehrern so typischen Handbe-wegung, wenn Kinder sich zu langsam fortbewegen, schob er mich vom Schulhof.
Dort stand ich nun außerhalb ziemlich bedeppert da, die Kinder winkten mir fröhlich zu.
Es war ihnen nicht klar, warum ich so plötzlich verschwinden musste.
Der Mann aber rannte fluchtartig ins Schulhaus, als ob ich eine ansteckende Krankheit hätte.

Deprimiert ging ich weiter nach Sigmaringen, an dem prächtigen Schloss

vorbei, unter einer sehr niedrigen Straßenunterführung und dann etwas später sah ich gerade, wie Schüler aus einem Schulhaus zum Schulbus rannten.

Da wurde ich neugierig und ging zur dortigen Schule. Im Schulhof war ich gleich von Kindern um-ringt, natürlich meistens Mädchen, die mich ausfragten, woher ich käme, was das für ein Pferd sei etc.

Auf Nachfrage erzählten sie mir, sie hätten eine ganz tolle Lehrerin. Zwar hätte sie heute in der der ersten Stunde sehr schimpfen müssen, aber sie wäre die beste Lehrerin auf der ganzen Welt

Die beste Lehrerin der Welt kam dann gerade aus dem Schulhaus, ich erklärte ihr mein Vorhaben, sie zeigte sich interessiert und während wir miteinander sprachen, bezog sie auch die Kinder mit ein und ich genoss beim Zuschauen diese Harmonie von Lehrer und Klasse und stellte wieder ein-mal fest, wie toll es doch ist, Lehrer zu sein. Jetzt ging es mir wieder viel besser.

Nun fing es wieder zu regnen an und nach ca 2 km begann Sahib plötzlich hinten links zu lahmen. Ich sah mir den Huf an, es war nichts zu sehen.

Beim Weitergehen verweigerte sich Sahib immer wieder nach ein paar Schritten.

Ein Tierarzt musste gesucht werden.

Fast 15 Minuten versuchte ich im strömenden Regen, meine Frau anzurufen, aber sie war in einem Funkloch und hörte mich nicht.

Armes Deutschland, eines der reichsten Industrienationen, aber in weiten Teilen des Landes kein Handyempfang.

In meiner Verzweiflung klingelte ich am nächsten Haus, Zipfelsbergerstr. Nr. 8 , wo mir ein junger Mann öffnete und sich sofort bereiterklärte, mir bei der Suche einer Unterkunft zu helfen.

Zuerst fragte er in der Nachbarschaft nach, wo auch Pferde waren: Niemand zu Hause.

Nach längerem Suchen entdeckte er die Adresse eines Tierarztes in Scheer. Ich rief dort an: Die Praxis besteht seit einem Jahr nicht mehr.

Aber die Nachmieterin gab mir die Nummer eines in Mengen wohnenden Tierarztes, Dr. Pfefferle, der dann nach 10 Minuten ankam und Sahib untersuchte.

Er meinte, es könne ein Hufabszess oder eine Prellung sein, polsterte den Huf so gut wie möglich und erklärte mir den Weg zu seiner Praxis (5 km weiter), wo er auch eine Pferdebox zum Über-nachten habe.

Etwas Genaueres könne er erst morgen nach einer Untersuchung in der Praxis sagen.

Inzwischen erreichte ich auch meine Frau telefonisch, welche dann auch bald dazu kam und es ging dann im Schritt (Sahib lief mit der Polsterung wie normal) 7 km zur Praxis von Dr. Pfefferle.

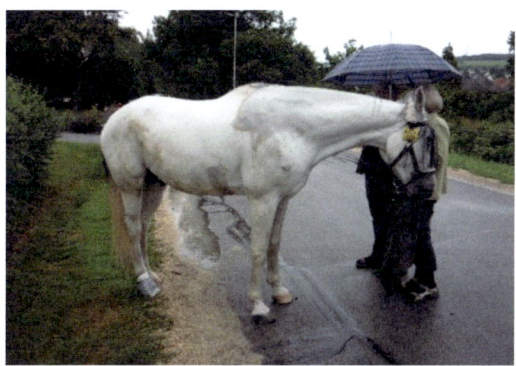

Behandlung in strömenden Regen

Mittwoch, den 09.Juli 2014

Wahrscheinlich muss ich ca 5 Tage Pause machen, Sahib hat hinten rechts, so wie es aussieht, eine Prellung durch einen spitzen Stein.
Später stellte sich heraus, dass er, als er vor zwei Tagen auf einer riesigen Weide wie wild herum-galoppierte und dabei ausrutschte, sich eine leichte Sehnenverletzung zuzog, die durch das Gehen auf dem harten Asphalt immer schlimmer wurde.
Heute Abend wird der Polsterverband abgenommen und dann weiß ich Genaueres.
Sahib ist aber heute schon wieder galoppiert, es sieht also gut aus.

Donnerstag, den 10.Juli 2014
Wir haben in Gutenstein nachgefragt, ob wir solange dort bleiben könnten, bis Sahib wieder gesund sei. Es wurde uns zugesagt und Sahib von Herrn Sax im Hänger abgeholt.
Jetzt steht er wieder in seinem alten Stall.

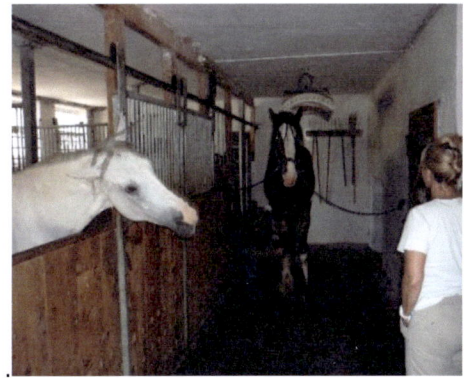

Liebe Irina, lieber Bernd! Nochmals vielen lieben Dank für Eure Gastfreundschaft.

Samstag, den 12. Juli 2014
Ich habe mir vorsichtshalber, weil Sahib, wenn wir längere Zeit auf Teer unterwegs sind und er sich dabe
bei den hinteren Hufen die Spitze abreibt, Hufschuhe zugelegt.

Er sieht süß aus mit seinen 4 schwarzen Schuhen. Wir sind natürlich fleißig am Üben. Er läuft viel
besser damit, als ich es erwartet hatte und er trabt und galoppiert ohne Probleme.
Wir haben mit 15 Minuten angefangen, dann 30 Min. bis wir auf 3 Stunden kamen.

Sonntag, den 13.07.2014
Endspiel Fußballweltmeisterschaft
- Sahibs Kniestoß als Antwort zu den neuen Hufschuhen beim Anprobieren. –

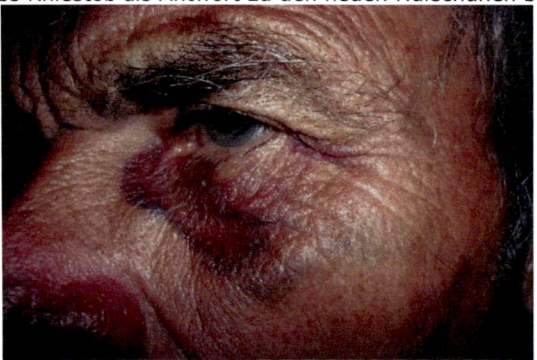

Montag, den 14.07.2011
Den heutigen Tag möchte ich die Verletzungspause von Sahib dazu benutzen, um noch weitere
Fragen zu beantworten

Wie finden wir immer eine Übernachtung?
Entweder haben wir im Internet eine Wanderreitstation gefunden oder wir schauen, ob wir irgend-
wo Pferdekoppeln entdecken und fragen dann dort nach, ob es eine Möglichkeit zum Übernachten
nachten gibt.
Die Leute sind alle immer sehr hilfsbereit, da ich aber wegen den Stechmücken spätestens um
14 Uhr eine Unterkunft brauche, gibt es folgendes Problem:
Die privaten Pferdebesitzer sind noch in der Arbeit, wir können also niemanden fragen.
So bleiben meistens nur große Reitställe, die es aber nicht oft gibt oder Bauernhöfe, wo wir ein
Stück Wiese bekommen und wenn wir viel Glück haben, sogar duschen können.
Die Herbergssuche ist also jeden Tag spannend und aufregend.

Mittwoch, den 16.07.2014

Heute kommt mein Hufpfleger und schaut sich den Huf genau an.   Bitte drückt mir den Daumen, dass er grünes Licht zum Weiterreiten gibt.
Gott sei Dank! Sahib ist wieder einsatzfähig, nur darf er noch nicht geritten werden.
Diagnose: Sehnenzerrung am Knie, Folge seiner verrückten Herumgaloppiererei in Gutmadingen, als er im feuchten Boden ausrutschte und es ihn ganz gewaltig hinsetzte. Dort entstand eine leichte Zerrung, die sich durch den harten Boden des Radweges innerhalb zwei Tagen verschlimmerte, bis er streikte.
Die Hufe sind nicht nur in Ordnung, sondern durch den permanenten Gebrauch sogar besser geworden, als sie es beim Abritt in Hasel waren.
Morgen heißt es wegen der Hitze 4.30 Uhr aufstehen und 5 Uhr Abmarsch. Es geht weiter.

Donnerstag den 17.Juli 2014
Gutenstein -Sigmaringen – Scheer

Um 4.45 rasselte er Wecker - Kraftfutter geben - anziehen - Kaffee trinken - putzen, satteln und es geht los, hinein in die Morgendämmerung.
Alles ist leicht neblig und feucht, absolute Stille.   Um diese Zeit fühlt man sich der Natur am nächsten.
Und außerdem gibt es keine Mücken und keine Bremsen.

Noch einmal den gleichen Weg nach Scheer wie vor 11 Tagen.
Sahib läuft tadellos.
In Sigmaringen traf ich eine Schulklasse mit Sprachschülern, die mich bis Sigmaringendorf be-begleiteten. Sahib lebte dabei richtig auf, er liebt Kinder.
Als wir uns verabschiedeten, hatte ich vor lauter Fragen ein richtiges Loch im Bauch und ich selbst fühlte mich wieder in meine Zeit als Lehrer zurückversetzt.

Was ein wundervoller Beruf, wenn man sich gerne mit Kindern beschäftigt.

Die Hitze war gewaltig und da ich Sahib am ersten Tag noch etwas schonen wollte, suchte ich eine Übernachtungsmöglichkeit in Scheer. Scheer ist ein wunderschönes Städtchen.
Auf der Suche nach einem Pferdebesitzer, der dann schließendlich gefunden wurde, aber keinen Platz frei hatte, lernte ich es besonders gut kennen.

Als ging es weiter Richtung Blochingen. Am letzten Haus fragte ich einen Bauern, der gerade seinen Mähdrescher reparierte, ob er eine Unterkunft wüsste und er bot mir eine Unterkunft in einem Wagenschuppen an, den er weiter Richtung Heuweiler gepachtet hatte.
Nach einigen Problemen fand ich den Schuppen auf dem Aussiedlerhof von Herrn Kniesel, der gerade nicht da war. Ich sattelte ab, aber Sahib wollte nicht in den Schopf hinein, denn er roch die Schweine, die hinter dem Schuppen ihren Stall hatten und dieser Geruch behagte ihm ganz und gar nicht.

Als der Besitzer kam, meinte er, Tier gehört zu Tier und wir stellen Sahib in den Futtergang.
Ein Teil wurde abgegrenzt, Sahib begrüßte fast jede Kuh mit gegenseitigem Abschlecken und gemeinsam fraßen sie dann aus dem Futtertrog, jeder auf seiner Seite.

Wir tranken gemeinsam mit dem Besitzer Kaffee
Er erzählte uns viel über die Geschichte Scheers und wir erfuhren zum dritten Mal von einem alten Pater, der mit seinem Esel   die   Donau entlang ging und zwar barfuß.
Sein Endziel war Jerusalem, das er auch erreichte

Abends gab es ein frugales Abendessen:
Spaghetti mit Tomatensoße
und nachdem wir 24 Mücken nach heißem Kampf erledigt hatten,
gingen wir zufrieden ins Bett.

Freitag, den 18. Juli 2014
Scheer - Blochingen - Bergen - Riedlingen

4.45 Uhr klingelt der Wecker - die übliche Prozedur und es geht weiter, den frischen Morgen genießend. Herrliche Sicht ins Donautal – Straßentag
- wieder durch ausgestorbene Dörfer mit kurzgeschnittenem Rasen Bürgerhäusern, Eingemeindungsgeschenke als Tauschobjekt für aufgegebene Schulen
Die armen Schulbuskinder. Zum Teil stehen sie schon 6.15 Uhr an der der Bushaltestelle.
Kurz vor Riedlingen fanden wir Unterkunft beim Pferdemeier, einen sehr hilfsbereiten Mann. Sahib bekommt eine große, geräumige Box neben einer Stute mit Fohlen.
Wiederum keinerlei Internetempfang, es ist zum Heulen

Samstag, den 19.Juli 2014
Riedlingen-Obermarchtal-Munderkingen-Algershofen
4.30 aufstehen nach der Devise: Je heißer desto früher -putzen--satteln
Kaffee trinken und ab in die Nebellandschaft der Donau.
Nur 15 Grad, keine Mücken, wie schön kann doch die Welt sein.
Bald ist kein Nebel mehr zusehen und es beginnt eine romantische
Wanderung an der Donau entlang, in deren fast stillstehendem
Wasser sich das Ufer spiegelt und dann weiter,

vorbei an Storchennestern und pitoresquen Dörfern mit mittelalterlichem Flair.

Unterwegs ging der Radweg über eine Eisenbahnbrücke, direkt neben den Gleisen.
Auf keinen Fall durfte ein Zug die Brücke befahren, wenn ich mit Sahib drüber ging.
Die Folgen wären katastrophal. Also legte ich mein Ohr auf die Gleise um zu hören, ob sich ein Zug nähert.
Es war nichts zu hören, ich überzeugte mich nochmals, dass weit und breit kein Zug zu sehen war und dann ging es im Eiltempo über diesen schmalen Steg.
War ich froh, als wir sie passiert hatten, besonders deshalb, weil es eine Rasterbrücke, also mit Blickmöglichkeit nach unten war.

Wenn Sahib in der Mitte stehen geblieben wäre und sich geweigert hätte, weiter zu gehen, ein Spielchen, das er ab und zu praktiziert und welches sehr zeitaufwendig ist...............
Man darf gar nicht darüber nachdenken, wenn da ein Zug gekommen wäre. **Macht so etwas nicht!**

Die Hitze nimmt immer mehr zu. Ein kühles Getränk aus einer Bäckerei erfrischt und hebt die Lebensgeister, leider nur für kurze Zeit.
Bäckereien sind fast die einzigen Läden, die man noch auf den Dörfern findet.

Nun kommen weite Ebenen die zum Galopp oder zum Fressen einladen.

Am Eingang von Munderkingen finden wir ein schattiges Plätzchen für eine Pause.

und erfahren an der nahe gelegenen Tankstelle die Adresse eines Reitstalles in Algershofen, der der Familie Nisch gehört.

Dort werden wir freundlichst aufgenommen und welch ein Glück: Es gibt eine Dusche. Welch ein Luxus.

Zuerst wird natürlich Sahib geduscht.

Abends geht es nach Munderkingen, wo wir uns in einem Gasthaus mal so richtig verwöhnen lassen mit Elsässer Wurstsalat.

Dass dieser so herrlich schmecken kann, entdeckt man nur auf einem Wanderritt.

Sonntag, den 20.07.2014
Algershofen - Munderkingen - Ehingen - Opfingen- Ringingen - Eggingen
4.15 aufstehen - um 5.00 Uhr bei Morgendämmerung geht es weiter.

Bis 10 Uhr ein wunderschöner Ritt, dann wurde es immer heißer, es war fast nicht mehr aus-zuhalten. Gewitter und Unwetter kündigen sich an.

Da das Brunnenwasser in Öpfingen gechlort war, baten wir in einem Nachbarhaus um Wasser für Sahib und mich, was uns freundlichst gewährt wurde, verbunden natürlich mit einem

längeren Gespräch.

Kurz vor Eggingen bei einer kleinen Pause kam wegen der immensen Hitze der Besitzer eines Pferdehofes, bei dem wir uns angemeldet hatte und zeigt uns den genauen Weg zu seinem Besitz.

Da sich Gewitter ankündigten, ging ich die restlichen 5 km sofort an und war auch bald bei der Unterkunft, wo wir wie immer sehr freundlich aufgenom-men wurden.

Sahib durfte auf den Sandplatz, und nachts bekam er eine Riesenbox mit bald einem halben Meter Stroh.

Unsere Toilette war aber etwas gewöhnungsbedürftig…….

Montag den 21.07.2014
Ruhetag

Da heute Schwörfest in Ulm ist, - man hat uns gesagt, dies wäre hier der höchste Feiertag im Jahr, - wollten wir das uns nicht entgehen lassen und fuhren mit dem Auto dorthin.

Ulm ist eine sehr schöne, gepflegte und im Zentrum mittelalterliche Stadt mit einem wunder-voll bemalten Rathaus und natürlich dem Ulmer Münster.

Die Stadt war überflutet von Besuchern. Bei der Schwörrede (Rechenschaftsbericht)des Bürgermeisters fand man kaum einen Platz.
Das richtige Fest war aber an/ auf der Donau mit geschmückten Kähnen, die an Fastnacht-wagen erinnerten

Leider begann es ab 16 Uhr zu regnen, was die Ulmer aber nicht vom Feiern abhielt.

Dienstag, den 22.07. 2014
Eggingen- Grimmelfingen - Ulmer Münster - Thalfingen - Unterelchingen

Da schlechtes Wetter angesagt war und ich somit auch nachmittags reiten konnte, leisteten wir uns ein späteres Aufstehen, wie herrlich.
Um 8.20 Uhr ging es dann los.
In Grimmelfingen überraschte mich ein Regenguss, zum Glück konnte ich mich bei einer Bus-haltestelle unterstellen.
Für schlechtes Wetter bin ich sehr gut ausgerüstet, ein dunkler Himmel belastet mich deshalb überhaupt nicht.

Wahrscheinlich bin ich der einzige Wanderreiter Deutschlands mit Regenschirm!

Endlich wieder an der Donau, die sich langsam zu einem Strom entwickelt.
Leider habe ich aber auch tote Fische in der Donau und Atomkraftwerke am Ufer gesehen.

Bald darauf kam Ulm in Sicht. Vom Fest waren noch überall Abfälle zu sehen.
Mehr und mehr behandeln wir unsere Umwelt wie eine Mülltonne
Nun kam ich zu einem Stadttor und es ging nach Ulm hinein, am schiefen Turm mit Sahib
vorbei, was natürlich Aufsehen erregte. Dann marschierten wir am Rathaus vorbei zum

Münster. Das gefiel Sahib überhaupt nicht, die vielen Leute machten ihn sehr nervös und
wir waren froh, als wir wieder an der Donau waren.
Es ging dann an der Stadtmauer weiter Richtung Elchingen

Dort wieder die alltägliche Quartiersuche und diese entwickelte sich heute zu einem Alptraum
Der Reitverein von Elchingen hatte zwar eine Box frei, wir hatten auch alle notwendigen
Bescheinigungen, aber der Vorstand lehnte bei Nachfrage ab.
Das Gleiche passierte uns in Langenau und als dort die Lindenwirtin erfuhr, dass wir einen
Wohnwagen dabei haben, waren die vorher freien Boxen nicht mehr zu haben.
Auf dem Weg von Unterelchingen nach Langenau sah ich rechts zwei große Aussiedlerhöfe
und als ich bei einem nachfragen wollte stellte es sich heraus, dass es sich um eine Pferde-
klinik und Kleintierpraxis von Dr. Adamo handelte.
Wir wurden freundlichste aufgenommen, alles kein Problem. Sahib bekam eine riesengroße
Box und wir bekamen sogar Strom und heiße Duschen angeboten.
Nach 4 Tage ohne diesen Luxus fühlten wir uns wie im 7. Himmel.
Jetzt prasselt der Regen auf unser gemütliches Eigenheim und ich freue mich schon auf eine
herrliche, heiße Dusche.

Regen kann auch Spaß machen

Mittwoch den 23.07.2014
Ruhetag für Sahib
Weil Sahib hinten links das Bein etwas nachzog, hatten wir am Abend vorher ausgemacht, dass ihn der Tierarzt sich etwas genauer anschauen sollte, was dann gegen 10 Uhr geschah. Zuerst lobte er den guten Zustand der Hufe nach ca 400 km barhuf gehen und stellte dann fest, das Illiussakralgelenk sei ausgerenkt. Er renkte es wieder ein, zeigt mir Übungen zur Stabilisierung und verordnete einen Ruhetag.

Donnerstag den 24.07.2014
Unterelchingen - Günzburg - Gundelfingen - Medlingen(Gertlesäckerhof)
Um 5.40 Uhr ging es los Richtung Donau, die ich auch bald erreichte. Der Weg ging immer an der Donau entlang durch wunderbare Auwälder, die aber einen Nachteil hatten: Sie waren voller Stechmücken.
Sahib musste 8 Stunden eine Fliegendecke tragen und als wir diese am Abend abnahmen stellten wir fest, an den Stellen, wo die Riemen befestigt waren, war die ganze Haut wund gerieben. Wie kann man so etwas verkaufen. Der Weg aber war wunderbar zu reiten, schattig und erinnerte an die berühmten Baumalleen in Pommern.

Im Gertlesackerhof in Merdingen fanden wir, nachdem ich die Karte beim Reiten verlor und deshalb Gundelfingen 3 mal durchquerte, eine Bleibe mit vielen interessanten Gesprächen mit Einstellern, davon 8 Lehrerinnen.

Freitag, den 25.07.2014
Medlingen - Lauingen - Dillingen - Höchstadt (Schloss)

Abritt gegen 7 Uhr fast gradlinig auf Feldwegen, angelegt wie ein Schachbrettmuster, in Richtung Lauingen.
Unterwegs traf ich einen Bauern und beglückwünschte ihn zu der toll gelungenen Flurbereinigung
Er begleitete mich und erzählte mir stolz, dass diese auf einen Pfarrer zurückzuführen sei, der diese hier schon 1911 angeregt und durchgeführt hatte.
Es gab schon immer weitsichtige Menschen.
Dann ging es entlang der Straße durch Lauingen und Dillingen hindurch, zwei wunderschönen altertümlichen Städtchen und dann wieder weiter an die Donau, an der es dann stundenlang auf dem Damm weiterging, an den Spiegelbildern der Uferbäume und vielen Entenmüttern mit ihren winzigen Jungen vorbei.

Samstag den 26.07. und Sonntag den 27.07   2 Ruhetage

Weil uns die Gegend so gut gefällt, mein Bein wegen eine Mückenstiches stark angeschwollen und feuerrot ist, der Radweg am Sonntag überfüllt ist , unser Auto einen Platten hat und wir so gut untergebracht sind, direkt neben einem imposantem Schloss,

an dem man sich nicht genug sattsehen kann genau wie an den Städten in der Umgegend, besonders Dillingen.Diese Stadt ist so wunderbar altertümlich, sehr großzügig angelegt mit vielen Kirchen, Stadttoren, Patrizierhäusern, alles herrlich restauriert, deshalb bleiben wir drei Tage hier gemäß dem Motto: Der Weg ist das Ziel.

Montag, den 28.07.2014
Höchstadt - Gremheim - Heißesheim - Asbach-Bäumenheim –Hamlar Genderkingen
(Schwabhof)
Um 7 Uhr ging es los zur Donau und ich freute mich schon richtig auf einen herrlichen Ritt auf grünem Rasen an der Donau entlang, wie man es mir versprochen hatte.
Aber es war unheimlich schwül schon am frühen Morgen und nach einem leichten Trab, als Sahib ein bisschen feucht wurde, überfielen uns Mückenschwärme, denen ich auch mit viel Spray und Mückennetz nicht Herr wurde.
Sahib musste leiden und für mich war marschieren angesagt.
Wir verließen die Donau, aber auch weiter im Land war es nicht besser.
Wir blieben auf der Straße und waren heilfroh, als wir in Genderkingen ankamen.

Von der Landschaft bleiben mir nur noch riesige, gepflegte Bauernhöfe in Erinnerung.

Im Schwabhof wurden wir herzlichst aufgenommen, Sahib wurde optimal versorgt und wir bekamen ein idyllisches Plätzchen unter einem Apfelbaum in einem riesigen Obstgarten.

Da die Mückenplage immer schlimmer wird entschließe ich mich, die Donau bei Donauwörth zu verlassen und direkt in Richtung Nürnberg zu reiten.

Dienstag, den 29.07.2014
Ruhetag

An diesem Tag fuhren wir mit dem Auto verschiedene Routen ab um zu überprüfen, welche am günstigsten zu reiten sei. Schließendlich nahm ich die Route an Nürnberg vorbei, da ich mir von ihr die geringste Mückenplage versprach

Mittwoch den 30.07.2014
Genderkingen-Lehenhof-über die Donau - Leitheim - Graisbach - Daiting – Natterholz(Ferberhof)
6.15 ging es los und nach ca 15 Minuten wurden wir von Stechmücken überfallen, je näher der Donau desto schlimmer.
Fluchtartig rasten wir durch das Gelände bis zum nächsten Donauübergang beim Lehenhof. Auf der anderen Seite war es ein wenig besser - je mehr bergauf es ging desto weniger wurden die Stechmücken - welche Erholung.
Dafür war der Weg etwas anspruchsvoller, dauernd ging es bergauf und bergab durch eine fruchtbare, liebliche Hügellandschaft, unterbrochen von kleinen, verwinkelten Dörfern.
Gegen 11 Uhr kamen wir in Natterholz an, Sahib wurde optimal mit anderen Tieren untergebracht und schloss enge Freundschaft mit einem kleinen Esel.

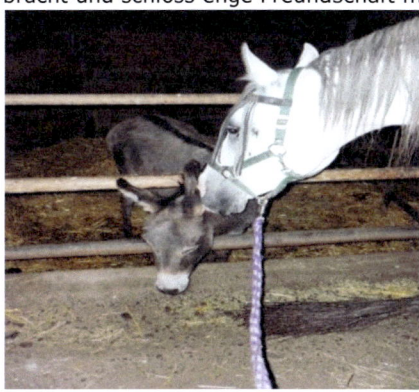

Dann gab es ein frugales Abschiedsessen (Knödel mit einer excellenten Soße , Fleisch und verschiedenen Salaten) , der Abschied von Karin, die zu ihrer Familie zurück musste.

Das Essen war ausgezeichnet und wer am Ferberhof vorbeikommt, sollte auf dies kulinarische Möglichkeit nicht verzichten.
Karin verlässt uns morgen aus familiären Gründen.
Vielen lieben Dank Karin für Deine Begleitung, deine tatkräftige Mithilfe und die vielen interessanten Gespräche. Du wirst uns fehlen.

Donnerstag, den 31.07.2014
Natterholz-Warching-Liederberg-Langenaltheim - Treuchtlingen- Weissenburg
Eine Gewalttour. 5.30 Uhr Abmarsch durch eine hügelige, fruchtbare Landschaft.
Leider warten alle Waldwege geschottert. Diese herrlichen, moosigen, grasbewachsenen Wald-

wege, von denen wir Wanderreiter träumen, gibt es fast nicht mehr, seit Riesenmaschinen den Holzschlag übernommen haben.
Und in Sachsen gibt es für alle Waldwege, außer besonders gezeichneten, Reitverbot, denn die Pferde könnten sie ja beschädigen. Was für eine Lachnummer, wenn man die von Traktorreifen und Holztransportern tief ausgefahrenen Waldwege sieht, welche teilweise sogar für Pferde nicht mehr passierbar sind.
Nach Langenaltheim ging es Richtung B2 wo mir versichert wurde, da könne man wunderbar reiten und zwar auf dem Grünstreifen neben dem Fahrradweg.
Auch gäbe es dann einen romantischen, zwar etwas matschigen Waldweg, ideal für einen Wanderreiter.

Das mit dem Waldweg stimmte zwar, aber dass er auf der B2, eine der dichtbefahrensten Bundesstraßen Deutschlands endete, davon war nicht die Rede.

Der Lärm war grauen-
Haft, denn unendlich
viele Lastwagen donner-
ten an uns vorbei.

Richtig schwierig wurde es dann, wenn auf beiden Seiten der Bundesstraße Leitplanken
waren.
Wenn dies der Fall war (zum Glück waren es immer nur kurze Strecken), wartete ich bis zu 5
Minuten, bis es endlich einmal eine Lücke im Verkehr gab und sprintetet dann so schnell wie
möglich mit Sahib bis zum Ende der Leitplanke, wo ich dann wieder auf dem Grasstreifen
laufen konnte.
4x musste ich die Bundesstraße überqueren, weil die andere Seite immer schön abwechselnd
leitplankenfrei war.
Ein besonderes Lob an Sahib, der dies alles mitmachte, ohne nur einmal zusammenzuzucken

Endlich kamen wir zu einem Schotterwerk, von dort aus gab es einen Feldweg bis Dettingen,
direkt neben der Bundesstraße.
So froh war ich schon lange nicht mehr, als ich von dieser Bundesstraße herunter war.
Der fast nicht auszuhaltende Lärm der Bundesstraße begleitete uns bis 3 km vor Weissenburg,

wo ich endlich die B2 verlassen
konnte und über Feldwege die
Wanderreitstation in Hattenhof,
einem Vorort von Weißenburg,
erreichte, wo Sahib eine tolle
Koppel erhielt und wir direkt daneben im Wohnwagen übernachten konnten.

Strom bekamen wir von freundlichen Nachbarn.
Bei einem gemütlichen gemein-
samen Abendessen saßen wir
mit unseren Gastgebern noch
lange zusammen.

Freitag, den 01.08.2014
Weissenburg - Ellingen - Walting - Mannholz - Heideck
Ein sogenannter Straßenreittag, über dem es nichts zu berichten gibt. Ankunft gegen 15 Uhr in Schloss Kreuth, einer Wanderreitstation - die Besitzer haben 50 Pferde, ein kleines Schlösschen, wunderschön und auf einem Hügel gelegen..

Leider musste Sahib in einem Stall alleine stehen, da wir die einzigen Wanderreiter waren.
Da er deshalb sehr nervös war und sich nur beruhigte, wenn ich bei ihm war, schlug ich eine Liege auf und übernachtete bei ihm, während meine Frau in einem wunderschönen Hotelzimmer übernachten durfte.

Samstag, den 02.08.2017 auf Schloss Kreuth

Mit der Ruhe war es gegen 16.00 Uhr vorbei. Nachdem es vorher immer wieder grummelte und das schwüle Wetter immer drückender zunahm, öffnete der
Himmel von einer Sekunde zur anderen seine Schleusen
So einen Wolkenbruch habe ich selbst in den Tropen noch nie erlebt.
Die Dachrinnen fassten den Regen nicht und nach einigen Minuten fing das Wasser an, in den Stall für Wanderreitpferde zu laufen, in dem Sahib stand und wir die einzigen Gäste waren.
Zum Glück war ein Besen zur Hand und ich konnte den Großteil des eindringenden Wassers zurück in einen kleinen Wassergraben vor der Einfahrt fegen.
Nach 10 Minuten hatte ich Blasen an den Händen, aber zum Glück konnte ich das Schlimmste vermeiden und das Hauptwasser am Stall vorbeileiten.
Es kam mir unendlich lang vor, bis

der Regen etwas nachließ und endlich konnte der Wassergraben die Wassermassen, die auch den Berg herunterkamen, fassen und es drang kein Wasser mehr in den Stall.
Ich wollte vorne am Hotel den Schaden melden, da sah ich, dass der gesamte Hof und alle Ställe unter Wasser standen und alle, auch Gäste, mit angepackt hatten und beim Wasserschippen waren, während die Feuerwehr den Keller auspumpte.
Die Wirtin, die seit 37 Jahren auf dem Reiterhof lebt sagte zu mir, so etwas habe sie hier noch nie erlebt.
Ich war natürlich heilfroh, dass mich dieses Unwetter nicht unterwegs überrascht hatte.

Sonntag, den 03.08.2014
Schloss Kreuth – Heideck – Hofstetten - Schleuße Eckersmühlen
Main-Donau Kanal –Zwiefelhof

Wegen des schwülen Wetters früher Abritt und außer, weil ein eingezeichneter Weg, der seit Jahren nicht mehr in Betrieb war, wir uns an umgestürzten Bäumen vorbeiquälen mussten, durch hüfthohes, nasses Gras (ich war total durchnässt) und wir dann den Donaukanal überquerten

und an dem wunderschönen Rothsee vorbeiritten, gibt es nichts zu berichten.

.

Auf dem Zwieselhof wurden wir freundlichst empfangen Sahib bekam eine Weide neben ca 10 Stuten. Er ist also voll damit beschäftigt, sich zu präsentieren.

Leider wurde er in der Nacht so stark
von Mücken zerstochen, dass
ich keinen Sattel mehr auflegen konnte.
Marschieren war also angesagt.

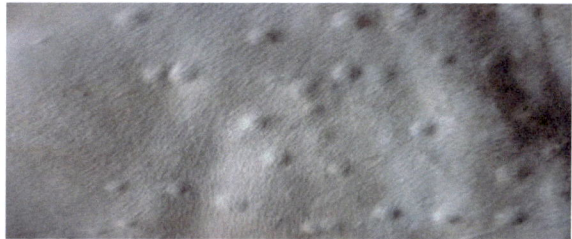

Montag, den 04.08.2014
Zwiefelhof - Guggenmühle - Harrlach -
Dürrenhembach –Oberhembach
Um 5.15 aufgestanden und Sahib geholt.
Er bekam gleich Apis und eine kühlende Creme auf
die Quaddeln. Ich dachte sogar daran aufzuhören,
wie bei meinem Romritt. Zumindest aber muss er
eine Box bekommen, um sich erholen zu können.
Also gingen wir los,durch herrliche Fichtenwälder,
auf schönen Waldwegen bis nach Harrlach, dann
weiternach Birkenlach, wo er unter der Autobahn
neben einem dunklen Abwassergraben durchging

und der in einer schmalen Brücke endete, wo Sahib sichtlich zögerte, da er kurz vorher auf
einer anderen Holzbrücke ins Rutschen
gekommen war.
Aber er schafft es, sonst wären 12 km Umweg angesagt gewesen.
400 m vor Birkenlach endete der auf der
Karte eingezeichnete Weg, es ging durch
hüfthohes, nasses Gras, meine Hose wurde
total durchnässt, umgestürzte Bäume
mussten umgangen und zum Schluss ein
leicht sumpfiges Gelände bewältigt werden.
Dann kam endlich die Straße mit dem Parkplatz,
wie eingezeichnet und ich war heilfroh, wieder
festen Boden unter den Füßen zu haben.
Nun ging es weiter nach Dürrenhembach. eine asphaltierte Straße entlang. Ich verwunderte mich,
keine Hinweisschilder zu diesem Ort zu finden. Es war, als existiere dieser Ort nicht.
Nach 30 Minuten kam ich zu einem idyllisch gelegenen Weiler und Dörfchen und entdeckte dort einen
großen Reitstall.
Passanten sagten mir, wegen einer Übernachtung muss man sich im Forsthaus melden.
Vor diesem Forsthaus traf ich einen freundlichen Elektriker , der mich, nachdem ich ihm erklärt hatte,
ich suche eine Unterkunft für mein Pferd, sagte er, ich solle einfach mit ihm kommen

zu einem wunderschönen Fachwerkhaus und meinte, der Hausmeister dieses Anwesens könne mir weiterhelfen. Er zog sein Handy, rief den Hausmeister an und teilte ihm mit, dass ihn ein Reiter sprechen wollte. Der Elektriker sagte zu mir ich solle zum Haupteingang gehen, der Hausmeister käme Da nach 5 Minuten niemand kam, auch nicht nach mehrerem Klingeln, ging ich nochmals zum Reitstall zurück, dort war auch niemand anzutreffen deshalb setzte ich meinen Weg fort, denn ich wollte zur Landstraße und dort meine Frau an der Abzweigung zu diesem namenlosen Dorf treffen. Diese fand die Abzweigung nicht, sie irre deswegen in der Gegend herum und habe überall geschaut, teilte sie mir per Handy mit, aber sie habe kein Dürrenhembach gefunden. Also ritt ich zur Hauptstraße, damit sie mich sehen und an der Abzweigung finden kann.

Endlich fanden wir uns und parkten dann auf der nicht ausgezeichneten Straße, die nach Dürrenhembach führte, um eine kleine Pause zu machen und ließen Sahib in seinem kleinen

Unterwegszaun grasen..

Dann kam ein junger, arroganter Mann mit einem silbergrauen Nissan Pick up daher, stellte sich nicht vor sondern schnauzte uns an, dies wäre alles Privatbesitz von Faber-Castel und wenn er wieder zurückkomme, "dann sind sie hier verschwunden." Ich dachte, ich höre nicht richtig. So hat noch niemand in meinem ganzen Leben mit mir gesprochen. Jetzt war uns einiges mit den fehlenden Hinweisschildern klargeworden.

Das ganze Dorf ist Privatbesitz von Faber Castell. Was aber ohne irgendeinen Hinweis drauf kein Fremder feststellen kann, der zufällig hierher gerät. Wir packten zusammen und dann kam nochmals ein PKW, der neben uns stehen blieb und in dem ein Mann ca 5 Minuten lang telefonierte und dann ausstieg, sich als Hausmeister vorstellte, schon genau wusste, wer ich war und mir mitteilte, dass er gerne helfen würde, aber leider seien alle Boxen besetzt (was ja nicht stimmte, ich hatte eine leere Box ohne Einstreu gesehen,) und sie kein Pferd aufnehmen können, außerdem sei die Reitanlage vermietet.

Ein Kompliment an die Familie Faber Castel für einen sehr netten, freundlichen Hausmeister. Der andere Bursche, ich weiß ja nicht, auf welche Verdienste er seine Arroganz zurückführt er stellte sich ja nicht vor, sollte besser mal einen Benimmkurs absolvieren, bevor er in offiziellen Angelegenheiten des Hauses Faber- Castell auf die Öffentlichkeit losgelassen wird. Wir bekamen dann von Passanten den Tipp, wegen Sahib in Oberhembach nachzufragen, wo wir auch eine Box bei Familie Neretter bekamen, die uns sogar kostenlos angeboten wurde.

Donnerstag den 05.08.2014 Oberhembach - Lindelburg - Schwarzenbruck - Moosbach – Ungelstetten –Winn – Gersberg – Henfenfeld

Gegen 7.00 Uhr Abritt durch endlose Kieferwälder. Wir überqueren den Ludwig-Donaukanal und es geht auf leider geschotterten Waldwegen über Schwarzenbruck Moosbach entgegen. Nach Ungelstetten entdecke ich einen wunderschönen Pfad, der zwar einen Umweg bedeutet, aber für die Hufe von Sahib eine Erholung war.

Als riskierten wir es und kamen durch eine wunderbare Seen- bzw. Teichlandschaft und einer urigen Sumpflandschaft, Gott sei Dank ohne Mückenplage.

Dafür irrte ich anschließend in einem riesigen Waldgebiet herum bis ich Preiselbeersammler entdeckte, die mich wieder auf den richtigen Weg führten.
Gegen 17 Uhr kamen wir bei Familie Frank in Henfenfeld an, wo wir herzlich aufgenommen wurden, Sahib grasen konnte und dann für die Nacht eine wunderschöne Box bekam.
Mittwoch, den 06.08.2014
Ruhetag- Wir feiern unseren 43. Hochzeitstag

Donnerstag den 07.08.2014
Henfenfeld - Hersbruck - Alfalter - Vorra - Artelshofen - Velden - Neuhaus –Krottensee.
Längste Strecke bisher.(ca 70 km))
Bis Mitte Hersbruck nur Fahrradweg, dann ging es steil den Berg hinaus, nachdem ich zuvor 2 km in die falsche Richtung marschiert war, in Richtung Großviehberg.
Der Nachbarort heißt bezeichnenderweise Kleinviehberg.
Der Anstieg wollte und wollte kein Ende nehmen. Endlich oben, eine kleine Verschnaufpause und fröhlich ging es weiter bergab. Die Fröhlichkeit dauerte aber nicht lange, denn plötzlich vor einer riesigen Waldwiese verschwand der Weg einfach.
200 m weiter fand ich eine kleine Öffnung im Waldrand und auch meinen Weg wieder.
Ab Alfalter ging es direkt an der Pegnitz entlang, ein wunderschönes, kleines Flüsschen in einem romantischen Tal, ein Paradies für Kanufahrer, die fast alle über Schwielen an den Händen vom Umtragen von Stauwehren und Wasserfällen klagten.

Es war ein Ritt durch eine Bilderbuchlandschaft, wie man sie aus manchen Ritterfilmen kennt, mit vielen kleinen Weihern, Fachwerkhäusern und wehrhaften, massiven Kirchbauten, teilweise wie Trutzburgen.
Manchmal ist man von der Landschaft oder vom Anblick mancher Dörfer so beeindruckt, dass man sogar vergisst, Fotos zu machen, wie es mir hier auch passiert ist.
Also eine empfehlenswerte Wanderung.
Gegen 17 Uhr kam ich geschafft in Krottensee an. Bei Familie Lederer waren wir sehr gut untergebracht, Sahib bekam die Reithalle als Offenstall mit Blickkontakt zu uns.
Wir wären noch gerne länger bei dieser freundlichen Familie geblieben, aber alle Boxen waren leider belegt.

Freitag den 08.08.2014
Krottensee - Michelfeld - Saaß
Die kürzeste Strecke von 15 km. Hier in Saaß sind 2 Ruhetage für Sahib geplant, bevor wir die letzten vier Tage in Angriff nehmen.
Abgesehen davon, dass eine rot eingezeichnete Wanderroute immer mehr zuwuchs, die Brennnesseln meine Blutzirkulation beschleunigten, viele Äste meine Beweglichkeit schulten, wir über Gräben und Steilböschungen kletterten und mit riesigen, gerade abgeernteten Strohfeldern uns tolle Galoppstrecken angeboten wurde, gibt es nichts Erzählenswertes.

Freiheit pur

Ziegenböckchen

Samstag, den 09.08.2014 und Sonntag, den 10.08.2014
Da es uns auf dem Reiterhof von Herrmann Kraus in Saaß so gut gefällt, wir wurden hier so herzlich aufgenommen und es herrscht hier eine richtig familiäre Atmosphäre, in der wir uns sehr wohlfühlen, wollen wir hier zwei Tage hierbleiben.
Sahib ist ganz toll untergebracht, tagsüber im Paddok und nachts in einer geräumigen Box, ein Stall, in dem sich Pferde wohlfühlen müssen.
Außerdem haben wir eine Einstellerin getroffen, eine passionierte Wanderreiterin, die sich in der weiteren Umgebung sehr gut auskennt und uns vielleicht auch eine Strecke begleitet.

Heute haben wir uns Auerbach angeschaut, ein kleines mittelalterliches Städtchen.
Was uns beim Bummeln auch hier aufgefallen ist: Es gibt fast keine Ansichtskarten mehr zu kaufen. Glückwunschkarten massenhaft, aber Postkartengrüße aus den Ferien sind out.
Es wird gesimst. Wie unpersönlich, oder?

Sonntag, den 10.08.2014
Besichtigung von Michelsheim, einem wunderschönen, mittelalterlichem
Städtchen mit Stadttoren und einer wunderschönen Klosteranlage
Habe dort das größte Cordon bleu meines Lebens gegessen.

Montag den 11.08.2014
Saaß - Altzirkendorf - Kirchenthumbach - Mündesreuth - Tremau - Lämmershof – Guttenthau

Um 7.20 Uhr Abritt mit Maria, welche mich mit 2 Pferden bis zur nächsten Etappe begleitet.
Sie kennt hier Weg und Steg und so reiten wir querfeldein, als Richtungsweiser dient uns der
Vulkan Monte Culm, der mit seinem hohen Aussichtsturm fast von überall zu sehen ist.
Der Ritt geht über riesige, frisch gemähte Wiesen, abgeerntete Getreidefelder, durch Wald-
gebiete mit wunderschönen Reitwegen, immer so weit wie möglich von Landstraßen entfernt.
Nur wer so einen Ritt quer durch die Landschaften einmal selbst erlebt hat kann
verstehen, was für ein einzigartiges Erlebnis dies ist.

Ab und zu tauchte wieder in der
unser Vulkan auf und so musste
wieder mal die Richtung
werden, man glaubt kaum, wie
man auf so großen Flächen die
Orientierung verlieren kann.
Diesen wunderbaren Zick-Zack-
durch eine herrliche Landschaft
endete gegen 15 Uhr.

Nachdem wir uns wieder
getrennt hatten, wieherte Sahib
lange den beiden Stuten nach.

Dienstag den 12.08.2014
Gutthenthau - Roslas - Teufelkammer - Oberndorf - Kemnath - Kulmain –
Wernersreuth – Pullenreuth

Viele wunderschöne Wald- und Feldwege geritten, die Ackerflächen waren wieder kleiner.
Ein Bäcker, der seine Brötchen ausfuhr, schenkte mir eine Brezel und einen Wecken.

In Kemnath hatte ich nicht genau aufgepasst, bin falsch abgebogen und landete deshalb mitten in der Stadt.
So musste ich, um wieder herauszukommen, 2 km Bundesstraße mit Leitplanken und sehr starkem Verkehr hinter mich bringen.

Gegen 15.40 Uhr kam ich bei Familie Philbert in Pullenreuth an,

welche Haflinger züchten und die das schönste Haflingerfohlen besitzen, was ich je gesehen habe.

Mittwoch, den 13.08.2014
Regenpause
Da Dauerregen angekündigt war, legten wir einen Tag Zwangspause ein, denn es regnet im Moment auch wirklich sehr ausdauernd.
Seit einer Woche konnten wir wieder einmal duschen. Welche ein Festtag.

Donnerstag, den 14.08.2014
Pullenreuth - Harlachhammer - Kaltenlohe - Poppenreuth - Stieglmühle –
Lengenfeld –Reutlas – Wölsau – Haag

Ein entspannter Ritt durch eine liebliche, leicht hügelige Land-schaft mit viel Wald, Wiesen und mit Wasserkraft betriebenen Mühlen.
Es waren auch viele Pilzsammler unterwegs.
Gegen 14 Uhr kam ich auf dem Reiterhof von Tierarzt Dr. Heuschmann an, wo Sahib sehr gut untergebracht wurde und wir eine Vorsitzende vom Reitverein Selb trafen, so dass die nächste und letzte Übernachtung vor Raun geregelt war.

Übermorgen ist der Ritt zu Ende.

Freitag den 15.08.2014
Markredwitz-Haag - Brand Seussen - Röthenbach - Bergnersreuth –
Neuhaus an der Eger- Egertau - Silberbach - Häusellohe - Selb- Topfersfurth

Anfangs ein entspannter Ritt durch eine liebliche Hügellandschaft mit großen Waldstücken.
Eine Gegend zum Verweilen, zum Entspannen und zum Erholen.
Bis ich am Egerstausee versuchte, die Eger zu überqueren.

Dort erwartete mich eine neun stufige Treppe aus Holz, durch den Regen so richtig schön glitschig geworden, in der Mitte ein Brett draufgenagelt für die Radfahrer.
Also unpassierbar, die Rutsch-gefahr für Sahib war einfach zu groß.
Also umkehren, die nächste Brücke suchen, um dann bei Hirschsprung die Eger zu über-queren. Ein wunderschöner Weg, aber eine klar gekennzeichnete Abkürzung endete vor einem riesigen Graben. Wieder zurück.
Dann überquerte ich die Eger und ein antikes Schild zeigte nach Silberbach, meiner nächsten Station. Aber auch dieser Weg endete irgendwo in der Pampa. Wieder zurück.
Die Kennzeichnung der Wege ist hier katastrophal, aber dafür sind die Leute sehr freundlich und hilfsbereit. Drei Mal wurde ich heute gefragt, ob ich eine Übernachtung suche.
Nach einem Sturzregen und einer Stunde Dauerregen erreichte ich dann endlich den Reitclub Selb. Wie war ich froh.
Am Abend war dann noch gemütliches Zusammensein in der Reiterstube bei einem ausge-zeichneten, von den Reitern selbst gekochtem Abendessen.

Samstag, den 16.08.2014
Selb - Langenfeld - Nebasa (Tschechei) - Vyhledy - Bärendorf (Vogtland)
Bad Brambach - Raun : Endstation

Nach 7 Uhr hörte es auf zu regnen, Sahib wurde gesattelt und dann ging es los, zum letzten Mal.
Eine Beschilderung war so gut wie nicht vorhanden, GPS funktionier-te nicht und so fragte ich eine Pilzsammlerin nach dem Weg und hielt mich genau an ihre Beschrei-bung.
Nach 30 Minuten verlief der Weg auf der Karte aber total anders, ich war inmitten eines großen Waldgebietes, wusste nicht wo ich war und das GPS funktionierte nicht.
So musste ich der Erinnerung nach Schritt für Schritt den Weg zurückgehen, erinnerte mich immer wieder an kleine Besonderheiten und welch ein Glück, ich fand den Ausgangs-punkt wieder, wo ich dann auch den richtigen, aber winzigen Wegweiser entdeckte.

Endlich erreichte ich Längenfeld und suchte den Weg durch die Tschechei. Der auf der Karte eingezeichnete existierte nicht, Einheimische kannten ihn auch nicht und ich hatte nach 10 Minuten drei verschiedene Wegbeschreibungen.

Dann traf ich Grenzpolizei, die mir einen etwas längeren Weg zeigte und mir mitteilte, dass auf diesem Weg Reitverbot sei.

Ich erklärte ihnen, ich reite ja nicht, sondern ich führe mein Pferd. Als ich diesen Weg 200 m gegangen war, entdeckte ich durch Zufall an einem Baum die 7, mit der mein Weg auf der Karte gekennzeichnet war.

Dieser Weg, der teilweise mehr zu ahnen als zu sehen war, führte mich hinauf in den Wald und als ich so unsicher wurde, dass ich wieder umkehren wollte, kam glücklicherweise ein Bauer und erklärte mir, dass ich nicht total falsch wäre und auch auf diesem Weg auf den Radweg zur Grenze treffen würde.

Diesen fand ich dann auch und dazu noch die beiden Polizisten, die ich im Ort nach dem Weg gefragt hatte und genau an diesem Radweg am Waldrand kontrollierten.

Ich führte Sahib sofort auf den Randstreifen, denn ich rechnete damit, wieder zurückgeschickt zu werden, wurde aber von ihnen freundlich begrüßt und sie erklärten mir genau den Weg zur Grenze, der an wunderschönen, tschechischen Grenzsteinen vorbeiführte.

Ich durchquerte dann den schmalen Streifen der Tschechei, leider nur auf Straßen und in Vyhledy stand ich wieder am Ende des Dorfes vor drei verschiedenen Abzweigungen, nichts gekennzeichnet, kein Hinweisschild und der Weg, der auf der Karte der vielver-sprechendste war, entpuppte sich als ein Hohlweg und sah aus, als ob er seit Jahren nicht mehr benutzt worden wäre, also überhaupt nicht vertrauenerweckend. Aber ich hatte keine andere Wahl.

Da ich auch seit einer Stunde im strömenden Regen unterwegs war und meine Hosen-beine immer nässer wurden, war ich ziemlich gestresst und fluchte wie ein Rohrspatz.

Weit und breit konnte ich niemanden fragen, deshalb nahm ich halt den Weg, der geradeaus weiterging und nach ca 1/2 Stunde erreichte ich ein Dorf .   .

Lass es bitte Bärendorf sein, flehte ich und entdeckte einen untergestell-ten Traktor mit einem V=Vogtland Ich war wieder in Deutschland.

Der Regen begleitete mich fast bis Raun und als Sahib in Bad Brambach bekannte Wege ent-deckte,

war er fast nicht mehr zu halten.

Er wusste,
wir sind bald zu Hause.

Bad Brambach-Kurpark

Und so kamen wir gegen 16 Uhr in Raun an und wurden von den Nachbarn empfangen, die uns mit Wimpeln und einem bemalten Betttuch begrüßten und die Presse war auch da.

Einritt in Raun

Der Ritt war zu Ende.

Die schönste Zeit zum Reiten ist der frühe Morgen,

wenn alles so wunderbar ruhig und friedlich ist

und es keine Mücken und Bremsen gibt

Zum Schluss:

Dankeschön

An dieser Stelle möchte ich ein herzliches Dankeschön
1. an alle die freundlichen Menschen sagen, die uns Obdach gegeben
   und unseren Sahib optimal versorgt haben.
   Ein besonderes Dankeschön an Bernd und Irina in Gutenstein, die uns 11 Tage beherbergten
2. an meine Frau, welches das Begleitfahrzeug fuhr, ohne das ich wahrscheinlich die ganze Tour nicht überstanden hätte und ihrer Freundin Karin, die uns 4 Wochen begleitete.
3. und natürlich an mein Pferd Sahib, der mir klaglos durch dick und dünn folgte und für mich zu einem wirklichen Freund wurde, dem ich voll vertrauen kann.
4. und all die freundlichen Leute unterwegs, die sich über das Projekt informierten und von denen auch viele täglich mein Tagebuch lasen, was mir des Öfteren mitgeteilt wurde.

Ich freue mich, dass Sahib und ich diese gewaltige Strecke ohne bleibende Blessuren geschafft haben, es gehört auch viel Glück dazu, denn einige Situationen waren doch ziemlich heikel
und ich bin auch ein wenig stolz darauf, dass dies mir dieser Ritt mit 69 Jahren und als Schwerbehinderter gelungen ist.
Die Eindrücke, die ich auf diesem Ritt gesammelt habe, waren überwältigend, verbunden mit einer Herzlichkeit der Menschen, mit denen wir zu tun hatten, die alle meine Erwartungen übertrafen.

Zum Ritt: Welche täglichen "Strapazen" wurden Sahib zugemutet?

1. Außer in den ersten 5 Tagen hatte Sahib immer nur leichtes Tagesgepäck zu tragen.
2. Es ging alles im Schritt, über die Hälfte der Distanz lief ich und ritt nicht.
3. Jede Stunde gab es insgesamt mindestens 5-10 Minuten Futterpause.
4. Nach spätestens 3-4 Stunden gab es eine bis 2 Stunden Pause. Ich hatte einen tragbaren Zaun dabei und so konnte sich Sahib diese Zeit frei bewegen.
   Er graste zuerst 20 Minuten, dann blieb er mindestens eine Viertelstunde ganz ruhig, ohne Bewegung stehen und wenn er dann wieder graste wusste ich, er ist wieder voll da und fit.
5. Dass ihm das Laufen Spaß machte merkte man besonders morgens , wenn er kaum stillstehen wollte und er mit voller Kraft loslegte, als es losging, so dass ich kaum nachkam.
6. Schaut euch meine Bilder vom letzten Tag an. Sahib könnte ruhig etwas schlanker sein.

Hinweis:
Auf meiner Website www.1000kmreitenproschule.de finden Sie viele Zeitungsberichte von meinem Ritt und von den Befragungsergebnissen.

Deutschland auf der Autobahn zu durchqueren ist gefährlicher

als durch Deutschland zu reiten.

Das Pferd des Wanderreiters

Das Pferd des Wanderreiters ist ein ebenbürtiger Partner,
der jederzeit vollständiges Vertrauen zu seinem Reiter hat.

Das gleiche Vertrauen hat der Reiter zu seinem Pferd.

Das Wichtigste dabei ist, angstfrei zu reiten.

Das kann man lernen.

Aber man muss sich sehr viel Zeit dazu nehmen !

Bildband dazu: Wanderreiten-Therapie für Leib und Seele